Dieser

Resilienz

Wochenplaner

bestärkt

edition
riedenburg

Wertvolle
Telefonnummern

Familie

. . . .

. . . .

. . . .

. . . .

. . . .

. . . .

. . . .

. . . .

Freunde

. . . .

. . . .

. . . .

. . . .

. . . .

. . . .

Freizeit / Hobby

Polizei.............................

Feuerwehr..........................

Hausarzt...........................

Rettung............................

Glücklich und erfolgreich mit genialer Resilienz!

Mein Wochenplaner

Dieser Wochenplaner begleitet Sie durch schöne und turbulente Zeiten, durch Herausforderungen und Glücksmomente, durch den Alltag und das Abenteuer.

Jede Woche finden Sie Gedanken, Impulse und Anregungen für ein gutes Leben – und Bäume, die auf farbige Wurzeln, Äste und Blätter warten.

Resilienz entwickelt sich durch viele gute Augenblicke, Empfindungen und Erlebnisse.

Jede Zelle unseres Körpers ist beständig in Bewegung. Neues kann entwickelt, Altes verändert und Zukünftiges gut vorbereitet und neu erschaffen werden.

Dieses Buch verweilt bei unterschiedlichen Themenschwerpunkten, die gleichzeitig, nacheinander, immer wieder oder einmalig Anregungen für die Stärkung unserer Widerstandskraft bieten.

Viel Spaß beim Lesen und Bearbeiten Ihrer Resilienzbausteine!

Platz für ein Foto, das mir während der nächsten

52 Wochen

besonders viel Kraft gibt

von mir und meinen liebsten Menschen, mit Hobbys,
Kraftquellen, meinen größten Erfolgen, in meiner besten Zeit ...

Das bin ich

Mein Stammbaum

Der unterste Platz im Stammbaum ist immer für Sie. Bitte schreiben Sie Ihren Namen und Ihr Geburtsdatum hinein.

Die beiden darüberliegenden Kästchen auf der linken und rechten Astgabel sind für Ihre Eltern reserviert. Ebenso bitte deren Namen und Geburtsdatum eintragen.

Die wieder davon abgehenden Kästchen sind Ihre Großeltern, die Sie bitte auch namentlich und mit Geburts- und ggf. Sterbedatum einzeichnen.

Darüber finden Sie wieder deren Eltern, Ihre Urgroßeltern. Selbstverständlich kann der Stammbaum über weitere Generationen erweitert werden.

Begeben Sie sich auf Forschungsreise zu Ihren Ahnen.

Meine Herkunftsfamilien

Nach den formalen Eintragungen geht es nun um die inhaltlichen Beschreibungen.

Beginnen Sie zuerst mit den Ressourcen.

Wie sah der Körper dieser Person aus, welche Talente und Begabungen hatte der Mensch?

Welche guten Dinge hat er/sie in seinem/ihrem Leben bewirkt?

Wenn Sie die Familienangehörigen nicht gekannt haben, welche Erzählungen gab es über sie?

Sichten Sie Archivmaterial und Fotos bei Bedarf.

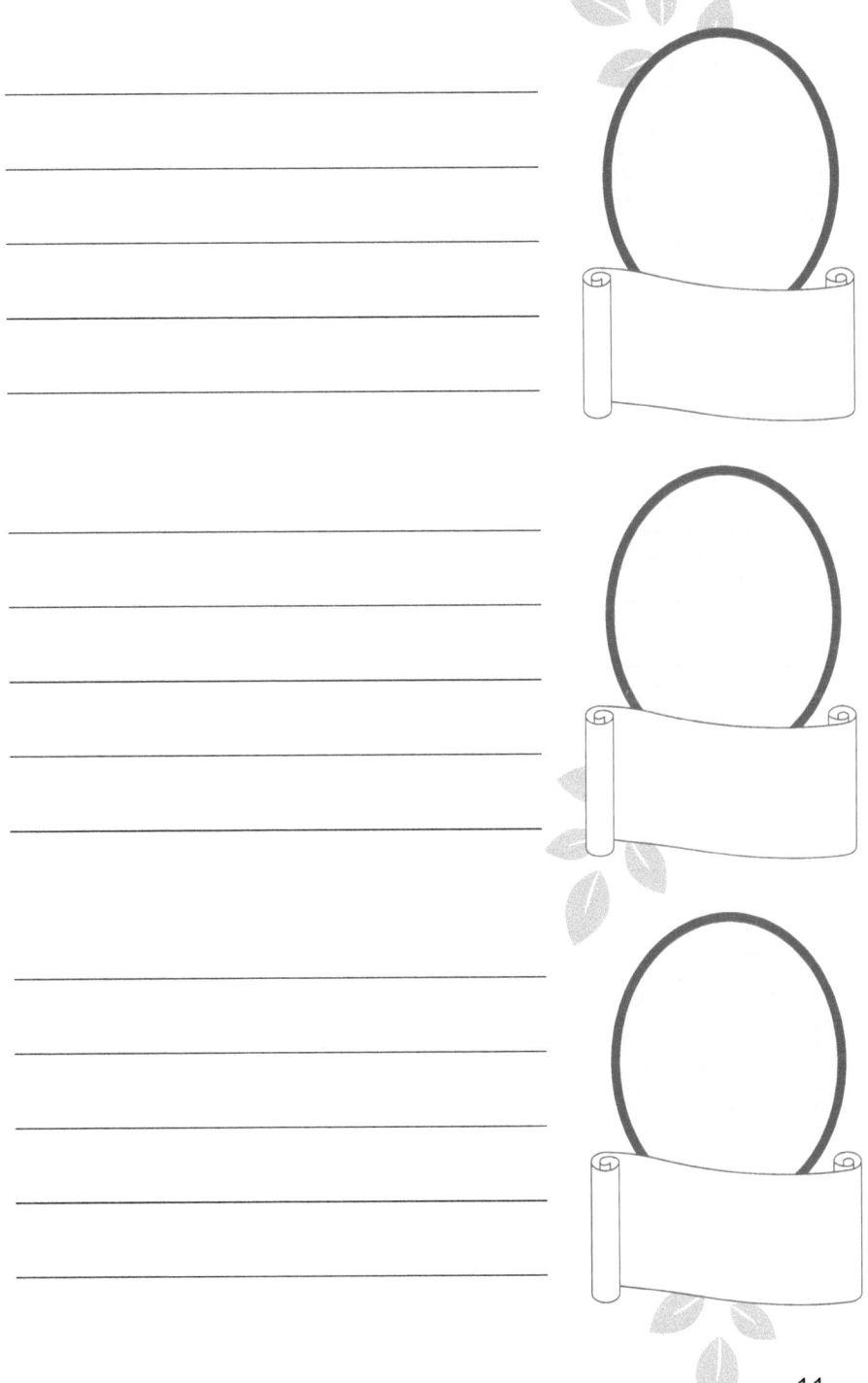

_____

_____

_____

_____

_____

_____

_____

_____

_____

_____

_____

_____

_____

_____

_____

Das kann ich

besonders gut.

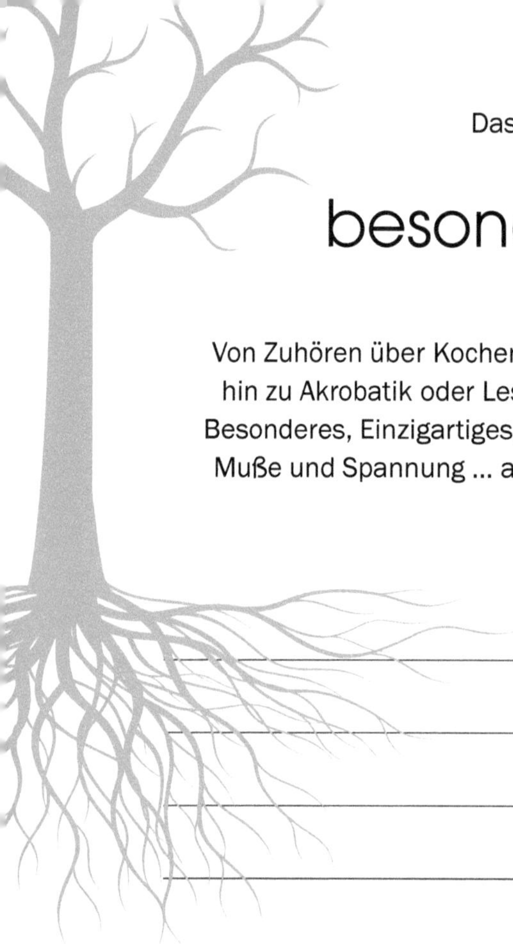

Von Zuhören über Kochen und vielleicht Hochsprung bis hin zu Akrobatik oder Lesen. Einfaches, Gewöhnliches, Besonderes, Einzigartiges, Gefährliches, Langweiliges mit Muße und Spannung … allein, zu zweit, in der Gruppe …

_____

_____

_____

_____

_____

_____

_____

_____

_____

Darin möchte ich mich

verbessern.

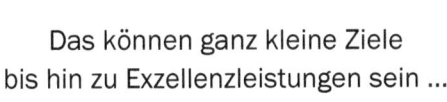

Das können ganz kleine Ziele
bis hin zu Exzellenzleistungen sein ...

_____

_____

_____

_____

_____

_____

_____

_____

_____

_____

_____

Wichtige Wohlfühl-Termine
für die nächsten 52 Wochen

Jeder Kasten steht für einen Monat
und seine Highlights

Woche 1

Ich achte mich.

Mit Selbstachtung durch 52 Wochen

Sie sind das Allerbeste, was Sie haben! Halten Sie inne und nehmen Sie wahr, was Sie umgibt.

Sie sind einzigartig und haben sich mindestens gegen ca. 300 Millionen KontrahentInnen zum Zeitpunkt Ihrer Konzeption durchgesetzt.

Achten Sie auf Ihren Atem und zählen Sie langsam bis 20.

Besinnen Sie sich – was mögen Sie an Ihrem Körper?

_____

_____

_____

_____

Legen Sie liebevoll Ihre Hände auf diese Körperstelle und nehmen Sie dort die Wärme wahr. Finden Sie schöne Worte für diese Körperstelle und schreiben Sie diese auf.

_____

_____

_____

_____

Woche vom

bis

Wie geht es Ihnen mit Ihrer Lieblings-körperstelle?

Welche guten Gefühle nehmen Sie wahr?

Hat sich in Ihrem Körperbewusstsein etwas verändert?

Woche 2

Ich bin einzigartig.

Niemand ist so wie ich

Legen Sie heute wieder Ihre Hände auf Ihre Lieblingskörperstelle und denken Sie an ein schönes Kompliment, das Ihnen jemand gemacht hat. Denken Sie es dreimal in Folge.

Wie fühlen Sie sich dabei?

Schreiben Sie das Kompliment auf und nehmen Sie es in Ihren Alltag mit. Denken Sie dabei auch an die Menschen, die Ihnen wohlwollend und positiv gegenüberstehen.

_____

_____

_____

Welche drei Wesensmerkmale machen Sie einzigartig? Nehmen Sie Ihre Unterschiede zu anderen Menschen bewusst wahr und notieren Sie Ihre Beobachtungen.

_____

_____

_____

_____

Was soll so bleiben, wie es ist?

_____

_____

_____

F   S   S

			Woche vom
			_____ bis _____
			Wie fühlen Sie sich, wenn Sie an schöne Kompli-mente denken?
			Welche Men-schen fallen Ihnen dabei ein?
			Welche guten Erinnerungen haben Sie?

Woche 3

Ich bin ideal.

Mein persönliches Körperbild

Besorgen Sie sich eine große Papierrolle oder kleben Sie mehrere Seiten weißes Papier zusammen und legen Sie sich darauf.

Bitten Sie nun eine Person Ihres Vertrauens, Ihre Körperumrisse zu zeichnen. Danach beginnen Sie, Ihre Lieblingskörperstelle in das Bild zu malen.

Verwenden Sie Farben, die Sie gerne haben.

Danach nehmen Sie sich Zeit für Ihre persönlichen Lieblingsplätze in Ihrem Körper. Zeichnen Sie diese nacheinander dazu.

Welche guten Erinnerungen fallen Ihnen dazu ein?

Schreiben Sie diese auf.

_____

_____

_____

_____

_____

_____

_____

_____

$\overline{\quad}$ $\overline{\quad}$ $\overline{\quad}$ $\overline{\quad}$
M D M D

F	S	S	
			Woche vom _____ bis _____
			Wenn Sie Ihr Kör-perbild betrach-ten, welche schö-nen Dinge fallen Ihnen dabei auf?
			Bei welchen Körperteilen haben Sie sich wohlgefühlt?
			Wie hat sich Ihre Woche dadurch verändert?

Woche 4

Alles im Gleichklang.

Organe

Mein innerer Körper

Das in der vorigen Woche erstellte Körperbild kann ein langfristiger und guter Begleiter für Sie werden. Wenn Sie Ihre äußeren Merkmale eingezeichnet haben, nehmen Sie sich Zeit für Ihre Organe, die Sie täglich unterstützen, ein gutes Leben zu führen.

Hierbei können Sie die Organe auch auf einem anderen Papier ausschneiden und darauflegen bzw. aufkleben.

Achten Sie auf Ihre Körperempfindungen. Nehmen Sie diese gut wahr und machen Sie sich dazu Notizen.

M D M D

Woche vom

_____

bis

_____

Zu welchen
Organen haben
Sie eine besonders
gute Beziehung?

Wie hat sich Ihre
Körperwahr-
nehmung in der
letzten Woche
verändert?

Welche positiven
Erlebnisse hatten
Sie?

Woche 5

Geschenke meines Körpers.

Was mir mein Körper gibt

Wenn Sie alle Lieblingskörperstellen und Organe in Ihr Körperbild eingezeichnet haben, nehmen Sie sich bewusst Zeit für bestimmte Teile am und im Körper. Es geht um jene Stellen, die Ihnen eventuell nicht gefallen bzw. Ihnen Sorge bereiten, Sie bisweilen ärgern oder nicht so „funktionieren", wie Sie gerne hätten.

Vor allem diese Anteile brauchen sehr viel Zuwendung. Unser Körper arbeitet als Kosmos, der sich ergänzt und erneuert.

Nehmen Sie eine dieser speziellen Körperstellen heraus und malen Sie diese auf Ihr Bild.

Machen Sie sich klar, was sie Ihnen ermöglicht. Schreiben Sie dies auf und nehmen Sie Ihre Gefühle bewusst wahr.

Danken Sie Ihrem Körper für die Möglichkeiten, die er Ihnen gibt.

$\overline{}$ $\overline{}$ $\overline{}$ $\overline{}$
M *D* *M* *D*

Woche vom

_____

bis

_____

Was hat sich in Ihrer Wahrnehmung verändert?

Gibt es Körperteile, die Sie mit Achtung und Dankbarkeit betrachten können?

Was freut Sie ganz besonders?

Woche 6

Mein Körper und ich.

Namhafter Körper

Beschäftigen Sie sich wieder mit den Körperstellen, die Ihnen viel Freude machen und Ihnen ein gutes Leben ermöglichen.

Nehmen Sie sich Zeit, schöne Namen für diese zu finden, diese eventuell bunt anzumalen und Komplimente für sie zu finden.

Erinnern Sie sich an gute Momente, wertschätzende Bemerkungen und körperliche Herausforderungen, bei denen diese Körperstellen unterstützend waren.

Machen Sie sich Notizen und suchen Sie Fotos heraus, mit denen Sie gute Erlebnisse verbinden.

Woche vom

_____

bis

_____

Welche Namen
sind Ihnen
eingefallen?

Gehen Sie gerne
mit Ihrem Körper
in Kontakt?

Wann fühlen Sie
sich wohl?

Woche 7

Dankbarkeitsbilder.

Gefühle

Wertgeschätzter Körper

Gehen Sie nun wieder zu der Körperstelle zurück, die Ihnen bisweilen Sorgen bereitet, und betrachten Sie sachlich ihre Funktion und Bedeutung.

Schreiben Sie sich diese auf.

_____

_____

_____

_____

Nehmen Sie bewusst Ihre Gefühle dabei wahr.

Beginnen Sie, wertschätzende Worte zu finden und schreiben Sie diese dazu.

Sprechen Sie mit Ihrem wertschätzenden und resilienzstärkenden Umfeld über Ihre Wahrnehmungen. Notieren Sie ausschließlich positives Feedback.

_____

_____

_____

_____

_____

$\overline{\quad}$ $\overline{\quad}$ $\overline{\quad}$ $\overline{\quad}$
  M   *D*   *M*   *D*

F

S

S

Woche vom

_____

bis

_____

An welche
wertschätzenden
Worte über Ihren
Körper erinnern
Sie sich?

Denken Sie diese
immer wieder?

Wie fühlen Sie
sich nach einer
Selbstumarmung?

Woche 8

Ich im Du.

Mein innerer Spiegel

Wenn Ihr Körperbild mit allen Körperstellen, Organen und Beschreibungen fertiggemalt ist, nehmen Sie sich ausgiebig Zeit, es zu betrachten.

Nehmen Sie Ihre Gefühle und Körperempfindungen wahr.

Schreiben Sie diese auf.

_____

_____

_____

_____

_____

_____

_____

_____

_____

_____

Zeigen Sie nun einer Person Ihres Vertrauens dieses Bild. Erzählen Sie von Ihrem Schaffensprozess und holen Sie sich eine wertschätzende Außenmeinung dazu ein. Wenn Sie mögen, hängen Sie es an einem Platz auf, an dem Sie es gerne betrachten möchten.

$\overline{\quad}$ $\overline{\quad}$ $\overline{\quad}$ $\overline{\quad}$
M D M D

Woche vom

bis

Genießen Sie
Ihr Kunstwerk?

Stellt Ihr
Körperbild Ihren
wunderbaren
Körper dar?

Welche versöhn-
lichen Worte
fallen Ihnen ein?

Woche 9

Herzenswärme.

Herz

Mein Herz

Beschäftigen Sie sich mit Ihrem Herz. Das Herz schlägt in Ruhe 60 bis 80 Mal pro Minute, etwa 100.000 Mal am Tag. Bei sportlichen Menschen schlägt es seltener, etwa 50 bis 60 Mal pro Minute. Bei LeistungssportlerInnen mit einem großen, trainierten Herzen, das mehr Blut pumpen kann, kommt es oft auf noch weniger Schläge.

Konzentrieren Sie sich einige Minuten auf Ihre Herzschläge. Finden Sie ein eigenes Bild und Worte dazu.

_____

_____

_____

_____

Nehmen Sie bewusst mit Ihrem Herz immer wieder dankbar Kontakt auf. Treffen Sie sich bewusst mit Menschen, die Ihnen gut tun.

Legen Sie Ihre Hände auf Ihr Herz und spüren Sie Ihre Herzenswärme.

Welche schönen Erinnerungen fallen Ihnen dazu ein?

_____

_____

_____

_____

_____

M　　　　D　　　　M　　　　D

F	S	S	
			Woche vom _____ **bis** _____
			Welche inneren Bilder entstehen bei Ihnen?
			Wer ist Ihnen herzensnah?
			Wer bringt Ihr Herz schneller zum Schlagen?

Woche 10

Lebensstärke und
Herzbeziehungen.

Herzensbilder

Welches Bild für Ihr Herz fällt Ihnen ein?

_____

_____

Beginnen Sie, ein Bild oder eine Collage zu machen. Nehmen Sie dabei bewusst Ihre Gefühle und Körperempfindungen wahr.

Verändert sich Ihr Atem? Ihr Herz begann schon 22 Tage nach Ihrer Konzeption zu schlagen, als Sie noch nicht einmal einen Zentimeter groß waren. Schreiben Sie die Erlebnisse auf, als Ihr Herz aus Freude, Liebe und Begeisterung schneller schlug.

Mit welchen glücklichen Erinnerungen, bei denen Ihr Herz schneller schlug, möchten Sie den Tag verbringen?

_____

_____

_____

_____

Vielleicht finden Sie in Ihrem persönlichen Archiv Fotos, Erinnerungsstücke oder Briefe, die diese Erinnerungen verstärken und Sie durch den Tag und Ihre Woche begleiten.

Versuchen Sie, mindestens fünfmal am Tag an diese glücklichen Momente zu denken. Verweilen Sie bei Ihren schönen inneren Bildern.

Woche vom

_____

bis

_____

Haben Sie heute
mit Ihrem Herzen
bewusst Kontakt
aufgenommen?

Spüren Sie Ihren
Herzschlag?

Gibt es schöne
Herzensbilder in
Ihrem Leben?

Woche 11

Mein Herzblut.

Blut

Mein „Herzblut"

Bisweilen wird es „roter Lebenssaft" genannt, weil es für den Körper absolut lebenswichtig ist. Unser Blut, dessen Motor unser Herz ist, dient als Transport- und Kommunikationsmittel und ist für die Aufrechterhaltung unzähliger Körperfunktionen unerlässlich als ein „flüssiges Organ", das im Körper zirkuliert und zu allen Organen und Zellen gelangt.

Zu den Aufgaben des Blutes zählt die Versorgung aller Körperzellen mit Sauerstoff und Nährstoffen. Ebenso transportiert unser Blut Abfallprodukte zu unseren Ausscheidungsorganen (Niere, Darm, Lunge, Haut).

Stellen Sie sich vor, Sie sitzen als kleine Zelle auf einer Achterbahn und fahren mit Ihrem Blut durch den Körper. Was erleben Sie auf dieser aufregenden Reise? Mit welchen Organen nehmen Sie Kontakt auf? Welche guten Wünsche fallen Ihnen ein? Wo möchten Sie gerne verweilen, wo lieber schnell weiterfahren?

Schreiben Sie es auf.

M   D   M   D

Woche vom

bis

Reisen Sie noch-
mals mit Ihrer
Achterbahn?

Wo fühlen
Sie sich ganz
besonders wohl?

Was machen Sie
mit „Herzblut"?

Woche 12

Meine Selbstwahrnehmung.

Selbst

Mein Selbstbild

Nehmen Sie sich kurz Zeit und denken Sie an den ersten Tag, als Sie mit dem Wochenplaner begonnen haben.

_____

_____

_____

Hat sich in Ihrer persönlichen Wahrnehmung etwas verändert? Was möchten Sie an Ihrem Körper genauso lassen, wie es ist? Nehmen Sie sich Zeit, darüber nachzudenken, und schreiben Sie Ihre Erkenntnisse auf.

_____

_____

_____

_____

_____

_____

Machen Sie ein Foto von dieser Körperstelle und nehmen Sie es heute in Ihren Alltag mit. Mit wem möchten Sie Ihre Wahrnehmungen teilen?

_____

_____

$\overline{\quad}$
F

$\overline{\quad}$
S

$\overline{\quad}$
S

Woche vom

_____

bis

_____

Denken Sie an Ihr
Wohlbefinden und
schöne Erlebnisse?

Welche
Komplimente
mögen Sie
besonders?

Mit welchen
Menschen um-
geben Sie sich
besonders gerne?

Woche 13

Blicke von Innen.

Sehen

Meine Augen

Wir können vieles an unserem Körper gut sehen, aber niemals unsere Augen.

Halten Sie inne und nehmen Sie wahr, was Sie gerade in Ihrer Umgebung sehen. Versuchen Sie, es so genau wie möglich zu beschreiben. Nehmen Sie die Formen, Farben und die Beschaffenheit der Oberflächen Ihrer Umgebung bewusst wahr.

Wohin zieht es Sie mit Ihrem Blick?

_____

_____

_____

_____

_____

_____

_____

Wenn das, was Sie sehen, gute Gefühle auslöst, finden Sie eine Überschrift und nehmen Sie diese heute in Ihren Tag mit.

_____

_____

Widmen Sie sich diese Woche dem „schönen Sehen". Betrachten Sie bewusst Dinge und Menschen, die Sie gerne sehen.

Woche vom

_____

bis

_____

Was waren die
schönsten Bilder
dieser Woche?

Was tat Ihrer Seele
besonders gut?

Welche Menschen
sind Ihnen
diese Woche
besonders nah?

Woche 14

Blicke von Außen.

Ausdrucksvolle Augen

Finden Sie ein Sprachbild für Ihre Augen, das Ihnen gefällt und Ihre Aus-
strahlung gut beschreibt.

_____

_____

_____

_____

Versuchen Sie, diese Woche besonders aufmerksam in der Betrachtung
Ihrer Umwelt zu sein. Was nehmen Sie auf welche Art und Weise wahr?

Schauen Sie den Menschen in Ihrer Umgebung bewusst in die Augen. Verändert sich Ihre Wahrnehmung und eventuell das Beziehungsverhalten?

Wenden Sie sich positiven Augen-Blicken zu. Machen Sie sich Notizen.

_____

_____

_____

_____

_____

_____

_____

$\overline{}$
M

$\overline{}$
D

$\overline{}$
M

$\overline{}$
D

			Woche vom _____ bis _____
			Welche „Augen-Blicke" sind in Ihrer Erinnerung?
			Was hat Spaß ge-macht, Verlegen-heit erzeugt oder herausgefordert?
			Wen möchten Sie weiterhin gerne anblicken?

Woche 15

Mein Schutzraum.

Haut

Meine samtweiche Haut

Streicheln Sie bewusst über Ihre Haut und betrachten Sie diese.

Sie ist das größte Atmungsorgan unseres Körpers und bildet die Grenze zur Welt. Die Bedeutung stammt aus dem altgermanischen Wort „hūt" und bedeutet „Hülle".

Die Dicke der menschlichen Haut beträgt ca. 1,5 bis 4 mm. Die Körperoberfläche (Hautfläche) eines erwachsenen Menschen beträgt durchschnittlich 1,73 m². Sie wiegt etwa 10 bis 14 kg.

Erinnern Sie sich nun an gute Körperempfindungen aus und seit Ihrer Kindheit. Welche gehören für Sie dazu?

_____

_____

_____

_____

Stellen Sie sich Ihre „Hülle" als Wohlfühloase vor.

Was gehört für Sie dazu? Machen Sie sich Notizen.

_____

_____

_____

_____

_____

$\overline{\quad\quad}$ $\overline{\quad\quad}$ $\overline{\quad\quad}$ $\overline{\quad\quad}$

M   *D*   *M*   *D*

Woche vom

_____

bis

_____

Streicheln Sie
über Ihre Haut?

Welche
Erinnerungen
sind besonders
angenehm?

Von welchen
Erlebnissen
träumen Sie
gerne?

Woche 16

Schöne Wahrnehmung.

Kontakt

Mein Hauterlebnis

Nehmen Sie Ihre Notizen von letzter Woche zur Hand und betrachten Sie Ihre Haut aufmerksam.

Was nehmen Sie wahr?

_____

_____

Gehen Sie zu Ihren ersten Erinnerungen in der frühesten Kindheit zurück in Bezug auf positiven Körperkontakt. Konzentrieren Sie sich nur auf schöne und angenehme Erinnerungen. Schreiben oder malen Sie Ihre Erinnerungen auf.

Gehen Sie durch Ihre Biographie und machen Sie dies an den nächsten Tagen mit jeder Entwicklungsstufe.

Nehmen Sie sich die schönsten Bilder der Erinnerungen mit in Ihren Tag. Suchen Sie sich Ihre persönlichen Wohlfühlfotos heraus.

$\overline{}$ $\overline{}$ $\overline{}$ $\overline{}$
M $\qquad$ D $\qquad$ M $\qquad$ D

Woche vom

_____

bis

_____

Bei welchen Kindheitsbildern sind Sie gerne verweilt?

Welches waren die schönsten Erinnerungen?

Mit welchen Menschen haben Sie diese erlebt?

Woche 17

Starke heiße Reize.

Reize

Körperreize

Bleiben Sie bei den schönsten Körperempfindungen, die Sie durch Ihre Haut erfahren haben.

Schreiben Sie diese auf und legen Sie sich den Zettel oder dieses Buch an einen für Sie sichtbaren Ort.

_____

_____

_____

_____

_____

_____

_____

Welche Menschen verbinden Sie damit?

_____

_____

_____

Was empfinden Sie beim Lesen?

Wiederholen Sie die Übung mindestens dreimal in der Früh und am Abend.

F

S

S

Woche vom

bis

Gab es neue
Erkenntnisse
für Sie?

Welche schönen
starken Reize
haben Sie erlebt?

Welche Bilder
entstehen in
Ihrem Kopf?

Duftschmaus.

Nase

Meine wunderbare Nase

Betrachten Sie Ihre Nase im Spiegel. Was löst sie bei Ihnen aus? Sie ist mitten im Gesicht und macht es zu etwas ganz Eigenem und Besonderem.

_____

_____

_____

Welche Gerüche nehmen Sie gerne wahr? Schreiben Sie Ihre Lieblingsgerüche auf und die Assoziationen, die diese bei Ihnen auslösen.

_____

_____

_____

Gibt es Gerüche, mit denen Sie sich immer umgeben?

_____

_____

_____

Stellen Sie sich kurz ein Leben ohne Gerüche vor. Was würde Ihnen fehlen?

_____

_____

Reisen Sie an die wohlriechenden Orte, an denen Sie sich gut gefühlt haben. Verweilen Sie dort.

Woche vom

bis

Ziehen Sie mit Ihrer Nase alle Lieblingsdüfte ein. Wie würde Ihr persönliches Parfüm riechen?

Wie heißt Ihr persönliches Parfüm?

Was riechen Sie am allerliebsten?

Woche 19

Lieblingsduft.

Mein Dufterlebnis

Widmen Sie sich heute ganz Ihrem Lieblingsgeruch beim Essen.

Wie sah das wohlriechende Gericht aus? Was assoziieren Sie damit?

_____

_____

Haben Sie es zu Hause oder an einem anderen Ort gegessen? Wer hat es zubereitet?

_____

_____

_____

Was verbinden Sie mit dieser Situation? Welche Menschen waren dabei?

_____

_____

_____

Teilen Sie Ihre Erinnerungen mit Ihrem Umfeld und verwöhnen Sie sich mit guten Gerüchen. Denken Sie an Ihr Lieblingsgericht, besorgen Sie sich dafür die Zutaten oder gehen Sie in ein Lokal Ihres Vertrauens essen. Wie fühlen Sie sich?

_____

_____

_____

$\overline{}$
M

$\overline{}$
D

$\overline{}$
M

$\overline{}$
D

$\overline{F}$ $\overline{S}$ $\overline{S}$

Woche vom

_____

bis

_____

Was waren Ihre
schönsten kulinari-
schen Erlebnisse?

Wo und mit
wem haben Sie
sich besonders
wohl gefühlt?

Welche schönen
Bilder steigen
in Ihnen auf?

Woche 20

Liebesriechen.

Lieblingsdüfte

Alle Menschen haben einen Eigengeruch.

Wen mögen Sie ganz besonders gerne „riechen"?

_____

_____

Was bedeutet Ihnen dieser Mensch?

_____

_____

_____

Sind Sie oft mit dieser Person zusammen?

_____

_____

_____

Schreiben oder malen Sie auf, welche Bilder entstehen und welche Gedanken Sie dazu haben.

_____

_____

_____

Suchen Sie Kontakt zu Menschen, die Sie gerne riechen und umgekehrt.

_____ _____ _____ _____
M *D* *M* *D*

Woche vom

bis

Was sind Ihre schönsten Riech-erlebnisse?

Wo und mit wem haben Sie diese erlebt?

Welche Bilder ziehen an Ihnen vorbei?

Woche 21

Sinnesrauschen.

Mund

Lippenbekenntnis

Widmen Sie sich Ihrem Mund.

Ihr Mund lässt Sie alles äußern, alles schmecken, alles küssen. Köstlichkeiten können Sie durch ihn Ihrem Gaumen zuführen.

Was hat Ihr Mund Ihnen Gutes beschert? Was und wie viel konnten Sie durch ihn genießen?

_____

_____

_____

Denken Sie an frühe Kindheitserfahrungen und schreiben Sie bis heute positive Gedanken zu allem auf, was für Sie „Mund" bedeutet.

_____

_____

_____

_____

Versuchen Sie mit Ihren Lippen Bewegungen zu machen, die für Sie ungewohnt sind, und erzeugen Sie Töne. Wie fühlen Sie sich dabei?

_____

_____

_____

$\overline{\quad}$ M $\qquad$ $\overline{\quad}$ D $\qquad$ $\overline{\quad}$ M $\qquad$ $\overline{\quad}$ D

Woche vom

_____

bis

_____

Was hören Sie von sich am liebsten?

Wie fühlen Sie sich dabei?

Gibt es eine Lieblingsmelodie, die Sie durch Ihr Leben begleitet?

Woche 22

Mundkunststücke.

Lautmalen

Malen Sie alle Dinge auf, die Sie gerne mit Ihrem Mund und Ihren Lippen machen oder gemacht haben.

Waren Sie alleine, waren Menschen dabei, wie hat die Interaktion ausgesehen?

_____

_____

_____

An welchen Orten waren Sie? Denken Sie an Musik, Ausbildung, Freundschaft, Liebe, Essen und Trinken.

_____

_____

_____

Gehen Sie durch Ihre Biographie. Versuchen Sie, diese Woche bewusst Ihre Mundkunststücke zu verfeinern, zu wiederholen und zu verdichten.

Woche vom

_____

bis

_____

Welche Mund-
kunststücke waren
besonders schön?

Welche
Erinnerungen
haben Sie?

Gibt es eine erste
schöne Erinne-
rung, die mit Ihrem
Mund zu tun hat?

Zungenschlag.

Meine besondere Zunge

Lassen Sie Ihre Zunge langsam durch Ihren Gaumen wandern.

Unser Multitalent Zunge ist für vieles nötig: Sprechen, Essen, Trinken, Tasten, Schmecken, Schlucken und Saugen wie auch zur Abwehr von Krankheitserregern.

Stellen Sie Ihre Zunge in den Mittelpunkt Ihres Bewusstseins.

Was genießen Sie mit der Zunge?

_____

_____

Haben Sie einen Lieblingsgeschmack?

_____

_____

Mögen Sie lieber feste oder flüssige Speisen?

_____

_____

Machen Sie sich Notizen und genießen Sie diese Woche Ihre liebsten Geschmäcker.

_____

_____

_____

Woche vom

_____

bis

_____

Welche Erlebnis-
se haben Ihnen
besonders Spaß
gemacht?

Haben Sie Ihre
Zunge neu ken-
nengelernt?

Welches beson-
dere Zungen-
erlebnis fällt Ihnen
immer zuerst ein?

Woche 24

Gaumenschmaus.

Geschmack

Mein Geschmack

Widmen Sie sich bewusst Ihren Geschmacksnerven.

Was lösen die Geschmäcker süß, sauer, bitter und salzig bei Ihnen aus?

_____

_____

_____

_____

_____

Wohin zieht es Sie in Ihrem Bedürfnis und Ihrer Erinnerung?

_____

_____

_____

_____

_____

Besorgen Sie sich die Lebensmittel Ihres Lieblingsgeschmacks und kosten Sie diese ganz bewusst.

Versuchen Sie, sich Wohlschmeckendes „auf der Zunge zergehen zu lassen" und „im Gaumen zu baden". Lassen Sie sich Zeit dabei.

Nehmen Sie sich vor, jeden Tag bei Ihrer Nahrungsaufnahme Genussmomente einfließen zu lassen und diese bewusst wahrzunehmen.

M   D   M   D

Woche vom

_____

bis

_____

Welche Gaumen-
schmausbilder
kommen Ihnen
in den Sinn?

Welche lieben
Menschen wa-
ren dabei?

An welchen Orten
sind Sie kulinarisch
am liebsten?

Mein Ohrenlabyrinth.

Hören

Meine einzigartigen Ohren

Betrachten Sie heute Ihre beiden Ohren.

Wie würden Sie diese selbst beschreiben? Sie sind Ihre Tore zur Welt.

_____

_____

_____

Es gibt wenige Metaphern für „Hören" im Vergleich zu allen anderen Sinnen.

Nehmen Sie sich in Ruhe Zeit zu überlegen, was und wen Sie gerne hören.

_____

_____

_____

_____

Nehmen Sie sich heute Zeit, ganz bewusst Geräusche, Klänge und Stimmen zu hören und ihnen zuzuhören.

Schreiben Sie am Abend Ihre Wahrnehmung auf.

_____

_____

_____

$\overline{}$
M

$\overline{}$
D

$\overline{}$
M

$\overline{}$
D

Woche vom

_____

bis

_____

Welche
Unterschiede im
Zuhören nehmen
Sie wahr?

Was tut Ihnen
persönlich gut
zu hören?

Was war Ihr erstes
tolles Hörerlebnis?

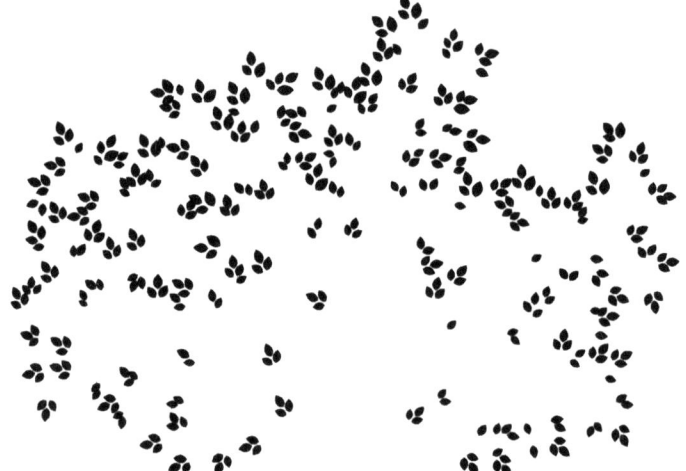

Klangerlebnis.

Töne

Mein Hörerlebnis

Vermutlich haben Sie letzte Woche die Erfahrung gemacht, sehr vielfältige Hörerfahrungen zu machen.

Welche Stimmen mögen Sie gerne?

_____

_____

_____

Hören Sie genau auf den Klang. Welcher Musik lauschen Sie gerne?

_____

_____

_____

_____

Nehmen Sie sich bewusst Zeit, aktiv schönen und angenehmen Stimmen und Tönen zu lauschen. Diese Woche soll nur Schönes, Wohltuendes und Positives gehört werden.

Achten Sie auf Ihre Umgebung – die Menschen, Geräusche und Klänge, mit denen Sie sich bewusst umgeben möchten.

Wie fühlen Sie sich nach diesem Tag?

_____

_____

M D M D

Woche vom

bis

Welches sind die
schönsten Klang-
erlebnisse für Sie?

Welche guten
Dinge tun Sie für
Ihre Ohren?

Wie grenzen Sie
sich gesund ab?

Wortsinn.

Sprache

Das gesprochene Wort

Wir hören täglich viele Worte.

Achten Sie bewusst darauf, welche Worte Sie gerne hören, und versuchen Sie, sich nur diesen zuzuwenden.

_____

_____

_____

_____

_____

Nehmen Sie auch bewusst wahr, was Sie selbst sagen und auch denken. Dies beeinflusst und bildet unser Gehirn.

_____

_____

_____

Sprache ist Realität und bildet unser Bewusstsein. Seien Sie diese Woche mit sich sehr achtsam.

Wie geht es Ihnen am Abend? Machen Sie sich Notizen.

_____

_____

_____

Woche vom

bis

Welche schönen und wohltuenden Worte bleiben Ihnen im Gedächtnis?

Welche Gespräche haben Ihnen gutgetan?

Welche regelmäßigen Gespräche pflegen Sie?

Woche 28

Gleichgewicht.

Balance

Mein Gleichgewicht

Im Ohr wohnt unser Gleichgewichtsorgan.

Nehmen Sie bewusst wahr, was Sie hören, und schützen Sie dieses wichtige Organ vor zu intensiven Einflüssen.

Erinnern Sie sich an die Erlebnisse, die Ihnen Gleichgewicht und Stabilität verleihen?

_____

_____

_____

Welche positiven Erinnerungen kommen Ihnen in den Sinn?

_____

_____

_____

Beschäftigen Sie sich mit allem, was gut für Ihre Standhaftigkeit und Stabilität ist.

Was bringt Sie immer wieder in gute Balance? Welche Übungen fallen Ihnen dazu ein? Machen Sie sich Notizen.

_____

_____

_____

_____

M	D	M	D

F

S

S

Woche vom

_____

bis

_____

Welche Erinne-
rungen bringen
Sie in Balance?

Welche Menschen
erleben Sie
ausgleichend?

Welche
ausgleichenden
Elemente in
Ihrem Leben
tun Ihnen gut?

Meine Atmung.

Lunge

Luftaustausch

Achten Sie ganz besonders auf Ihre Atmung.

Wie geht es Ihnen dabei?

_____

_____

_____

_____

Unsere Atmung gibt einen gesunden Lebensrhythmus vor.

Ihr wichtiges Organ ist die Lunge, deren Aufgabe es ist, den Gasaustausch zwischen Sauerstoff (O_2) im Blut und dem Abtransport von Kohlendioxid (CO_2) sicherzustellen. Der Gasaustausch in der Lunge ist überlebenswichtig, denn der Körper braucht Sauerstoff für die meisten Stoffwechselvorgänge in den Zellen.

Atmen Sie heute bewusst immer wieder zehnmal ein und aus.

Wie fühlen Sie sich, wenn Sie dies bewusst eine Woche lang machen?

_____

_____

_____

_____

_____

F   S   S

			Woche vom _____ bis _____
			Hat sich Ihre Atmung verändert?
			Was war für Sie angenehm?
			Welche Bilder verschaffen Ihnen guten Atem und Ausgleich?

Woche 30

Saubere Luft.

Qualität

Umluft

Beschäftigen Sie sich aktiv mit der Vorstellung, aus Ihrer Umgebung „Luft zu holen".

Wie fühlt sich das für Sie an?

_____

_____

_____

Wo fällt es Ihnen leichter, wo eventuell schwerer?

_____

_____

_____

Nehmen Sie die Qualität der Luft wahr. Vielleicht gibt es „Lieblingsluft" für Sie? Welche Jahreszeiten mit ihren Düften bevorzugen Sie? Sind Sie lieber draußen oder drinnen?

An welchen Orten fühlen Sie sich ganz besonders wohl? Holen Sie Luft und genießen Sie Ihre Erlebnisse.

_____

_____

_____

_____

$\overline{M}$ $\overline{D}$ $\overline{M}$ $\overline{D}$

Woche vom

_____

bis

_____

An welchen
vorgestellten
„Luftschloss-
orten" können
Sie gut atmen?

Wie heißen Ihre
Lieblingsdüfte?

Wo riechen
Sie diese?

Wunschatemzüge.

Ausblasen

Wunschbilder

Widmen Sie sich guten Wünschen und formulieren Sie diese.

Beginnen Sie mit fünf guten Wünschen und atmen Sie diese bewusst in Ihren Körper hinein. Nehmen Sie Ihren Körper dabei gut wahr.

Wiederholen Sie das mehrmals am Tag.

1 _____

2 _____

3 _____

4 _____

5 _____

Der zweite Teil der Übung dient dem „Ausblasen" von störenden Gedanken.

So, wie Ihre Lunge CO_2 ausstößt und Ihren Körper reinigt, schicken Sie unliebsame Worte, Gedanken und Vorstellungen mit.

_____

_____

_____

_____

_____

_____

Wiederholen Sie dies so lange, bis Ihr Kopf frei ist.

			Woche vom _____ bis _____
			Welche guten Wünsche wiederholen Sie immer wieder?
			Welche guten Gedanken denken Sie am Morgen und am Abend?
			Welche liebevollen Gedanken senden Sie Ihrem Gegenüber?

Woche 32

Luftaustausch.

Laue Lüftchen

Bleiben Sie beim Austausch von guter und transformierter Luft.

Finden Sie Sätze für den inneren und äußeren Luftaustausch, die Sie an das gute Atemholen erinnern. Malen und notieren Sie diese guten „Vibes" und nehmen Sie diese in Ihren Alltag mit.

Sie können jederzeit wieder in diese Situation zurückgehen und sich auf Ihre Luftböe setzen und tragen lassen. Fühlen Sie sich leicht und beschwingt dabei.

Welches Bild fällt Ihnen dazu ein?

_____

_____

_____

_____

$\overline{\quad}$ | $\overline{\quad}$ | $\overline{\quad}$ | $\overline{\quad}$
M | *D* | *M* | *D*

F

S

S

Woche vom

_____

bis

_____

Wie war Ihre Reise
auf der Luftböe?

Haben Sie sich in
den Luftströmen
wohlgefühlt?

Hatten Sie
„Good Vibes"?

Woche 33

Körperzeit und Versöhnung.

Erkennen

Zeit mit meinem Körperbild

Beschäftigen Sie sich heute wieder mit Ihrem Körperbild. Gibt es neue Sichtweisen, Erkenntnisse und Bedürfnisse? Möchten Sie etwas ergänzen?

_____

_____

_____

Wie fühlen Sie sich mittlerweile mit Ihrem Körper?

_____

_____

_____

Bedanken Sie sich für alles, was er Ihnen schenkt und ermöglicht.

Gehen Sie zu den Organen und Körperstellen, die Sie manchmal ärgern, herausfordern oder stören. Betrachten Sie diese aufmerksam und finden Sie einen wertschätzenden Satz dafür.

_____

_____

_____

Atmen Sie mit Blick auf diese Körperstelle bewusst ein und aus. Immer wieder ... Nehmen Sie Ihren Körper wahr.

			Woche vom
			_____
			bis
			_____

| | | | Denken Sie an die wertschätzenden Sätze? |

| | | | Genießen Sie Ihr Körperbild? |

| | | | Was verändert sich für Sie? |

Woche 34

Meine reinigende Leber.

Leber

Meine Leber

Die Leber wiegt ca. 1,5 kg und ist als rotbraunes und mehrlappiges Gebilde im Oberbauch die schwerste Drüse unseres Körpers.

Sie zählt zu den größten Organen und erfüllt als zentrales Stoffwechselorgan Aufgaben, die absolut lebensnotwendig sind. Sie dient der Entgiftung, produziert Eiweißstoffe und reguliert unseren Stoffwechsel.

Stellen Sie sich vor, Sie machen in Ihrer Leber Frühjahrsputz. Wie können Sie dieses Organ gut unterstützen, um ein gutes und langes Leben zu führen?

_____

_____

_____

_____

Worauf können Sie vielleicht eine Woche verzichten, um Ihre Leber zu entlasten – wie Alkohol, Fett, Zucker ...?

_____

_____

_____

Wie fühlen Sie sich dabei?

_____

_____

_____

F   S   S

Woche vom

_____

bis

_____

Konnten Sie
neue Sichtweisen
über Ihre Leber
gewinnen?

Wie fühlt sich
Ihr Körper an?

Gibt es einen Un-
terschied zur vor-
herigen Woche?

Bauchwohlsein.

Magen

Liebe geht durch den Magen

Nehmen Sie sich Zeit für Ihren Magen. Er füllt sich mit Nahrung, zerkleinert diese und transformiert sie. Stellen Sie sich bewusst diesen Vorgang vor, wenn Sie essen.

_____

_____

_____

Platziert ist Ihr Magen ungefähr in der Mitte Ihres Körpers. Welche Gefühle löst er bei Ihnen aus?

_____

_____

_____

_____

Führen Sie sich die Aufgaben Ihres Magens immer wieder vor Augen.

Stellen Sie sich vor, Sie sind als Schredder beteiligt und können mithelfen, Ihre Nahrung in Energie umzuwandeln. Wie geht es Ihnen damit?

_____

_____

_____

Woche vom

_____

bis

_____

Wie viel Liebe
bringen Sie
Ihrem Magen
entgegen?

War Ihr Schredder
aktiv und hat
gute Dienste
für Sie in dieser
Woche geleistet?

Wie oft legen
Sie liebevoll
Ihre Hände auf
Ihren Magen?

Woche 36

Energieaustausch.

Energie

Konzentrieren Sie sich heute auf den intensiven Energieaustausch.

Sie nehmen Energie auf, speichern diese, damit Sie Gutes bewegen und bewirken können, und lassen sie wieder los.

Schreiben Sie auf, wie Sie aus Ihrer Energie Lebenskraft und Resilienz gewinnen.

_____

_____

_____

_____

_____

_____

Halten Sie inne und danken Sie Ihrem Magen für seine tägliche wichtige Arbeit.

Wohin möchten Sie Ihre Energie schicken?

_____

_____

Wie sollen die Aufgaben, Projekte und Visionen heißen?

_____

_____

F   S   S

Woche vom

_____

bis

_____

Wohin ging Ihre
Energie diese
Woche?

Was hat Ihnen
besonders Spaß
gemacht?

Haben Sie neue
Energiefelder für
sich entdeckt?

Woche 37

Aufnehmen und Abgeben.

Gewinn

Nahrung

Widmen Sie sich heute der bewussten Nahrungsaufnahme.

Vom Duft der Mahlzeit, dem Blick auf den Teller, dem Verspeisen der Mahlzeit, vom Riechen, Schmecken, Kauen, Schlucken, Lutschen und vom Zwischenlagern im Magen und dadurch Energie gewinnen.

Malen und schreiben Sie sich Ihre Assoziationen auf.

Woche vom

_____

bis

_____

Was hat Ihnen
besonders
geschmeckt?

Hat sich Ihre
Wahrnehmung
verändert?

Was war
besonders schön
und angenehm
für Sie?

Woche 38

Meine unscheinbare Milz.

Meine Milz

Ihre Milz liegt in der Bauchhöhle in der Nähe des Magens.

Sie hat die drei wichtigen Aufgaben, Ihre weißen Blutkörperchen zu vermehren, um körperfremde Stoffe abzuwehren, des Weiteren dient sie als Speicherplatz und darüber hinaus sortiert sie überaltete rote Blutkörperchen aus.

Die Milz steht wenig im Mittelpunkt Ihres Bewusstseins, umso wichtiger gebührt ihr eine Woche mit resilienter Aufmerksamkeit und Dank für ihre Funktion.

Wenn Sie an körperfremde Stoffe und deren Abwehr denken, was fällt Ihnen ein?

_____

_____

_____

_____

Als Übung könnten Sie Abfall ganz bewusst mit einem Streichholz verbrennen und sich die Funktion Ihrer Milz vergegenwärtigen.

Betrachten Sie die verbrannte Asche. Wie fühlen Sie sich?

_____

_____

_____

_____

Woche vom

_____

bis

_____

Wie hat sich Ihre Sichtweise auf die Milz verändert?

Möchten Sie die verbrannte Asche vergraben?

Für welche Neuigkeit wäre die verbrannte Asche Nährstoff?

Reinigende Nieren.

Nieren

Meine Nieren

Wir kennen alle das Sprichwort: „Das ist mir aber an die Nieren gegangen", was umgangssprachlich so viel heißt, wie „Das ging mir sehr nahe und hat mich berührt".

Was bedeutet das für Sie?

_____

_____

_____

Jeder gesunde Mensch hat zwei Nieren. Diese übernehmen im Körper vielfältige Aufgaben.

Ihre wichtigste Funktion ist die Entgiftung. Die Nieren sorgen für die Ausscheidung von Stoffwechselendprodukten und Giftstoffen über den Urin. Zudem regulieren sie den Wasser- und Elektrolythaushalt.

Darüber hinaus werden in den Nieren lebenswichtige Hormone hergestellt. Obwohl die Nieren paarweise angelegt sind, kann man in der Regel auch ohne größere Beschwerden mit nur einer Niere leben.

Nehmen Sie sich diese Woche bewusst Zeit und lösen Sie sich gedanklich von allem, was für Sie „giftig" ist. Stellen Sie sich die Nieren wie eine Waschmaschine vor, die immer wieder einen guten liebevollen Service braucht.

Was käme bei Ihnen in die Wäsche?

_____

_____

_____

F S S

			Woche vom _____ bis _____
			Wie oft konnten Sie in Ihrer Vor- stellung Ihren Körper entgiften und waschen?
			Hat sich Ihr Körper- bewusstsein verändert?
			Was tut Ihnen gut?

Meine entspannte Blase.

Blase

Meine Blase

Ihre Blase verhält sich vergleichbar wie ein Luftballon.

Ganz leer erinnert sie an eine flache Muschel. Gefüllt mit Urin wird sie rund und prall wie eine Kugel.

Die Blase hat eine glatte und dehnbare Muskulatur. Bis zu einem bestimmten Grad können wir durch die beiden Schließmuskeln steuern, wann wir sie entleeren.

Nehmen Sie sich diese Woche Zeit, ganz bewusst auf den Druck und die Entspannung Ihrer Blase zu achten, wenn sie sich entleert. Welches Verhältnis haben Sie dazu? Geben Sie Druck eher nach oder halten Sie oftmals das Bedürfnis der Entspannung zurück?

Schreiben Sie ein Protokoll und notieren Sie Ihre Empfindungen.

_____

_____

_____

_____

_____

_____

_____

_____

Woche vom

_____

bis

_____

Wie geht es Ihnen
mit Ihrer Blase?

Können Sie
leichter Druck
abgeben und
entspannen?

Gönnen Sie sich
guten Druck-
ausgleich?

Mein Darm und Ausgang.

Darm

Mein Darm

Unser Darm ist zwischen 5,5 und 7,5 Meter lang und hat die Oberfläche einer kleinen Einraum-Wohnung.

Der Darm hat vielfältige lebenserhaltende Funktionen. Neben unserer Verdauung und Nährstoffresorption reguliert er unseren Wasserhaushalt und bildet den Großteil unserer Abwehrzellen im Immunsystem. Darüber hinaus produziert er Hormone und Botenstoffe.

Stellen Sie sich vor, Sie streicheln mit einem feinen Pinsel über dieses wichtige Organ. Setzen Sie sich danach in eine lustige Lokomotive und fahren Sie Ihren Darm entlang. Steigen Sie immer wieder aus und bedanken Sie sich für seine treuen Dienste.

_____

_____

_____

_____

_____

Finden Sie Namen für die Stationen und stellen Sie sich vor, was Ihr Darm den ganzen Tag für Ihre Entspannung macht und leistet.

_____

_____

_____

_____

Woche vom

_____

bis

_____

Wie gefiel Ihnen
die Lokomotiven-
fahrt durch
Ihren Darm?

Haben Sie sich
an einzelnen
Stationen
wohlgefühlt?

Haben Sie eine
Veränderung bei
Ihrer Verdauung
bemekt?

Woche 42

Rein, Rums und Raus.

Klärung

Saubermachen

Diese Woche beschäftigen Sie sich nur mit der Reinigung Ihres Körpers.

Nehmen Sie alles ganz bewusst zu sich und konzentrieren Sie sich auf Ihr Verdauungssystem – von der Nahrungsaufnahme bis zur Abgabe.

Versuchen Sie, gute und gesunde Nahrungsmittel zu essen und zu trinken. Stellen Sie sich vor, wie viel Energie sie Ihnen geben, und lassen Sie alles, was Sie nicht brauchen, gerne wieder los.

Malen Sie dazu ein Bild.

$\overline{\quad M \quad}$ $\overline{\quad D \quad}$ $\overline{\quad M \quad}$ $\overline{\quad D \quad}$

			Woche vom
			_____
			bis
			_____

			Wie haben sich Ihr Ess- und Trinkverhalten verändert?
			Konnten Sie eine Veränderung in Ihrem Körper spüren?
			Was war für Sie angenehm?

Woche 43

Alles Loslassen.

Entlastung

Lösung

Der Begriff „Der letzte Scheiß" hat grundsätzlich eine abwertende Bedeutung. Er dient aber Ihrer Entlastung und Erleichterung.

Alles, was Sie nicht in Ihrem Leben brauchen, werfen Sie heute in Ihrer Vorstellung weg.

Wie fühlen Sie sich dabei?

_____

_____

_____

_____

Wie verändert sich Ihre Sicht?

Nehmen Sie ein Toilettenpapier und schreiben Sie sich alles auf, was in Ihrem Leben zum „letzten Scheiß" gehört. Spülen Sie es einfach in der Toilette hinunter.

Stellen Sie sich den Weg in die und durch die Kanalisation bis hin zur Transformation zu neuer Erde vor.

Aus allem „letzten Scheiß" erblühen irgendwann wieder Blumen.

Was sind Ihre Lieblingsblumen?

_____

_____

_____

Woche vom

_____

bis

_____

Hat Ihnen das
Loslassen gut
getan?

Konnten Sie sich
freuen, alles
Alte, Stinkende
und Überflüssige
loszuwerden?

An welche
Blumen denken
Sie im Frühling?

Körperlust.

Erotik

Meine Sexualität

Unsere Geschlechtsorgane dienen einerseits der Fortpflanzung, andererseits dem Lust- und Spaßgewinn.

Nehmen Sie sich diese Woche Zeit, sich mit Ihrer erotischen Biographie zu beschäftigen. Welche Vorlieben haben Sie diesbezüglich? Welche Grenzziehungen sind Ihnen persönlich wichtig?

Mit welchen SexualpartnerInnen können Sie Ihre Wünsche und Bedürfnisse am besten leben? Wie viel Resilienz verschafft Ihnen dieser Bereich?

Gibt es Themen, die für Sie noch offen sind und die Sie gerne ausprobieren möchten?

Reisen Sie auf eine amouröse Insel, auf der Sie Ihre Phantasien ausleben können. Wie fühlen Sie sich dabei? Was nehmen Sie in Ihrem Körper wahr?

Woche vom

bis

Bei welchen
Erinnerungen
fühlen Sie sich
am wohlsten?

Wie verändern
diese Ihre Ge-
genwart?

Nehmen Sie Bezug
zu Ihrer Erotik:
Womit fühlen Sie
sich am wohlsten?

Meine vielen Talente.

Erfüllung

Alles, was ich kann

Nehmen Sie sich Zeit, um all Ihre wunderbaren Talente aufzuschreiben und aufzuzeichnen.

Fragen Sie auch Ihr unterstützendes Umfeld, was ihm dazu einfällt. Oftmals ist für uns vieles ganz selbstverständlich, was zu großen persönlichen Fähigkeiten gehört. Ganz sicher gibt es viele Hinweise und gute Unterstützung, um das Bild zu vervollständigen.

Was haben Sie bislang damit gemacht? Was möchten Sie gerne noch damit anstellen?

_____

_____

_____

_____

Was brauchen Sie zur Erfüllung? Was können Sie selbst gestalten?

_____

_____

_____

Woche vom

_____

bis

_____

Zählen Sie einmal am Tag alle Talente laut auf?

Fühlen Sie sich schon sicher und gut bei dieser Übung?

Machen Sie diese Übung regelmäßig gedanklich?

Gute Gefühle.

Ressourcen

Alles, was ich fühle

Mit welchen guten Gefühlen fühlen Sie sich wohl?

Liebe, Freude, Glück, Leichtigkeit, Entspannung, Spaß, Zuwendung, Nähe ...

Machen Sie ein großes Ressourcenbild, in dem Sie alle Ihre guten Gefühle aufschreiben und aufmalen und die Situationen, die Sie damit verbinden.

Welche Menschen beziehen Sie mit ein? Bitte zeichnen Sie nur ressourcen- und resilienzstärkende Menschen in das Bild.

Dieses Bild kann Sie über lange Zeit begleiten und unterstützen.

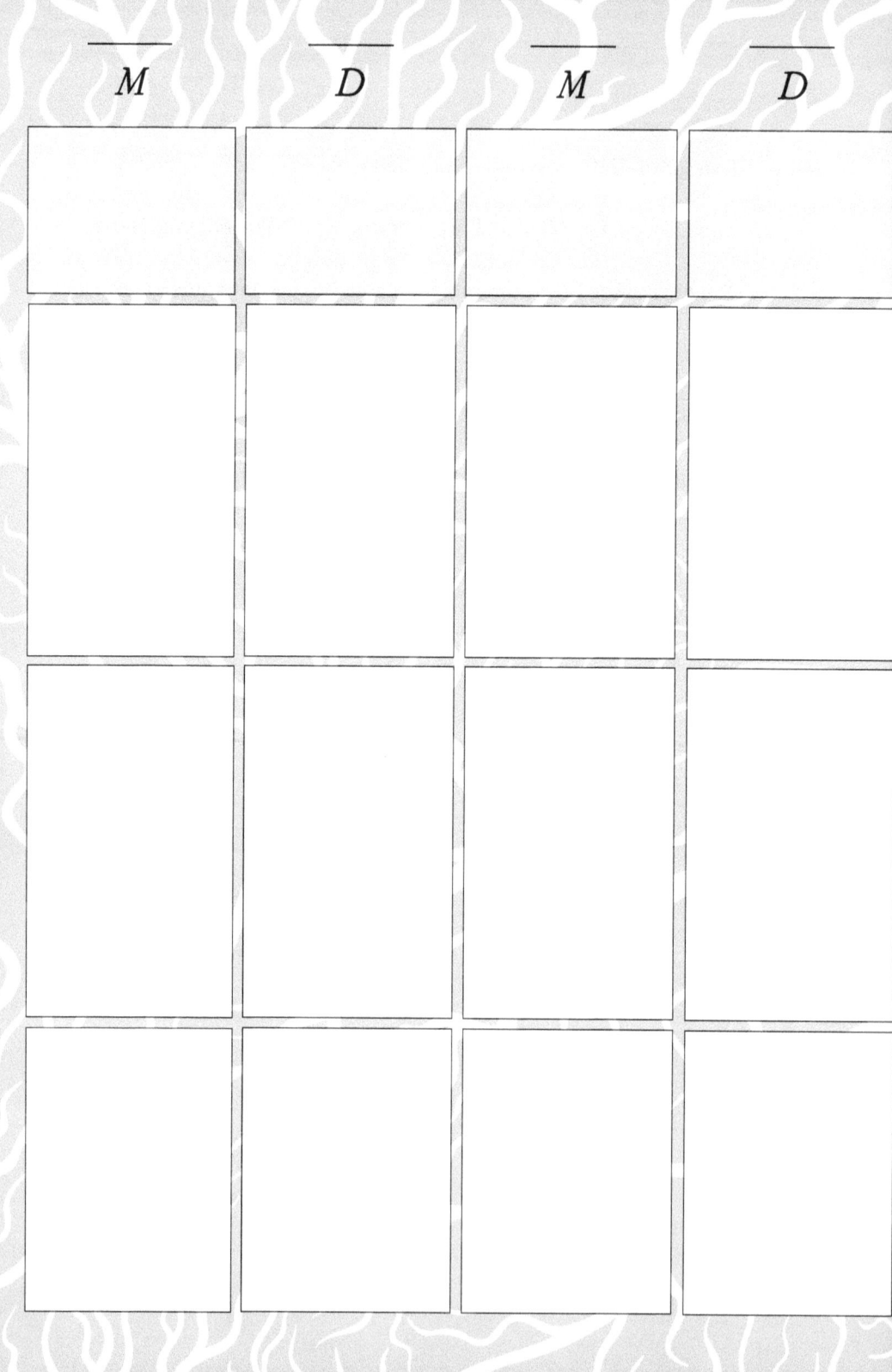

Woche vom

_____

bis

_____

Welche Gefühle
kamen Ihnen
zuerst in den Sinn?

Gibt es Gefühle,
die immer
da sind?

In welchen
Gefühlen „baden"
sie am liebsten?

Meine Ahnen.

Stamm

Meine Herkunft

Nun geht es um Ihren persönlichen Stammbaum.

Welche dieser Talente, Beschreibungen und Erzählungen möchten Sie gerne davon annehmen? Markieren Sie dies bitte farblich unterschiedlich, damit es übersichtlicher wird.

Was lassen Sie bewusst zurück? Wir müssen nichts annehmen, das uns unfreiwillig mitgegeben wird.

Für Zurückzulassendes: Welches Ritual fällt Ihnen dazu ein? Sie können belastende Erinnerungen in einen Tresor legen, in ein Versteck bringen oder in Ihrer Vorstellung als Päckchen oder Rucksack zurückgeben. Erinnern Sie sich an die Erzählungen in Ihrer Familie. Jede Familie hat eine ganz eigene Erzählkultur. Wie wurde über was gesprochen? Was wurde verschwiegen? Gab es Familiengeheimnisse und Ahnungen?

Nehmen Sie sich Zeit, um eine Ahnenreise zu machen.

$\overline{\quad M \quad}$ $\overline{\quad D \quad}$ $\overline{\quad M \quad}$ $\overline{\quad D \quad}$

Woche vom

_____

bis

_____

Welcher Person aus Ihrer Ahnenreihe fühlen Sie sich heute am nächsten?

An welche guten Wünsche aus Ihrer Ahnenreihe können Sie sich erinnern?

Welche inneren Bilder zu bedingungsloser Liebe gibt es für Sie in Ihrer Familie?

Woche 48

Ahnennähe.

Wurzeln

Erdverbundensein

Stellen Sie sich einen jahrtausendealten verästelten Mammutbaum vor, der mit seinen Wurzeln die Erde wild überwuchert.

Suchen Sie sich einen schönen Platz in diesem Wurzelwerk und nehmen Sie die Kraft der Erde wahr. Lehnen Sie sich an seinen Stamm und betrachten Sie die zahlreichen Verästelungen. In welchen Teil Ihrer Ahnenreihe zieht es Sie? Ist es die mütterliche oder väterliche Seite oder sogar beide?

Mit wem wären Sie jetzt gerne hier? Was würden Sie dieser Person erzählen? Gibt es vielleicht Wünsche und Fragen an sie? Was macht sie in Ihrer Biographie dankbar? Was versöhnlich?

Verweilen Sie immer wieder dort und genießen Sie angenehme Augenblicke mit Ihren Ahnen und Wurzeln.

Woche vom

_____

bis

_____

Was machen Sie
heute aus Ihrem
familiärem Erbe?

Welche Haltung
entwickeln Sie
zu Ihrer Familien-
geschichte?

Beeinflusst dies Ihr
heutiges Handeln?

Woche 49

Aufgelöst und neu.

Zeit

Meine Kraftquellen

Malen Sie ein großes Ressourcenbild, in das Sie alles hineinmalen und schreiben, was Ihnen in Ihrem Leben schon gelungen ist.

Nehmen Sie sich gute Erinnerungen zu Hilfe, wie Fotos, Briefe, Urkunden, Preise, Pokale, Erinnerungsstücke und auch Erzählungen.

Lassen Sie sich Zeit. Hören Sie Ihre Lieblingsmusik, trinken und essen Sie Ihre Lieblingsnahrungsmittel und umgeben Sie sich mit Ihren Lieblingsdüften. Ergänzen Sie immer wieder die guten Erlebnisse, Begegnungen und schönen Erfahrungen, die Ihnen begegnen.

F   S   S

			Woche vom
			_____ bis _____
			Wie geht es Ihnen mit Ihren Ressourcen?
			Wie gehen Sie mit bekannten und überraschenden Anteilen um?
			Teilen Sie Ihre Freude mit unterstützenden Menschen?

Woche 50

Schöne Zukunftsbilder.

Wünsche

Meine Visionen

Entwerfen Sie gute Wünsche für sich und Ihre Umgebung.

Welche Visionen leiten Sie? Nehmen Sie sich Zeit und schreiben Sie Ihre Gedanken und Gefühle dazu auf.

_____

_____

_____

_____

_____

Welche Schätze haben Sie in sich, um sich diese Wünsche und Möglichkeiten zu erfüllen? Wer kann Sie dabei unterstützen?

_____

_____

_____

_____

_____

Nehmen Sie Symbole für alles, was Sie haben, und legen Sie diese in Ihr Zimmer. Nehmen Sie die Veränderungen im Raum und in Ihrer Vorstellung wahr.

Symbole und Rituale können helfen, den eigenen Wünschen und Vorstellungen Gestalt zu geben.

Woche vom

_____

bis

_____

Bleiben Sie bei
Ihren Zukunfts-
bildern?

Träumen und
visualisieren
Sie, so oft es
Ihnen gut tut?

Nehmen Sie sich
ausreichend
Zeit dafür. Wie
fühlen Sie sich?

Woche 51

Visionen und Zukunft.

Schätze

Alles neu gedacht

Diese Woche widmen Sie sich Ihren Visionen.

Welche erfüllten Visionen gibt es in Ihrem Leben?

_____

_____

_____

_____

_____

Welche Visionen möchten Sie sich noch erfüllen?

_____

_____

_____

_____

_____

Schreiben Sie Wunschzettel und legen Sie diese in eine Schatzkiste.

Suchen Sie sich einen sicheren und geschützten Ort, an dem die Kiste versteckt wird und zu dem nur Sie Zugang haben.

Denken Sie zweimal am Tag an Ihre Wünsche und Visionen und die Möglichkeiten ihrer Erfüllung. Holen Sie Ihre Schatzkiste immer wieder aus Ihrem Versteck und überprüfen Sie die Entwicklung.

$\overline{\quad M \quad}$ $\overline{\quad D \quad}$ $\overline{\quad M \quad}$ $\overline{\quad D \quad}$

Woche vom

_____

bis

_____

Was verbinden
Sie mit Ihren
Schätzen?

Denken Sie an alle
vergangenen und
neuen Schätze
in Ihrem Leben?

Wo halten sich
vielleicht weitere
Schätze versteckt?

Woche 52

52 Wochen Selbstliebe.

Wunder

Mein Leben

Verweilen Sie bei allen schönen Plätzen in Ihrem und um Ihren Körper.

Nehmen Sie sich Ihre gestalteten Körperbilder wie auch Ihre Ressourcenpläne und alle Dinge Ihres Wohlbefindens zur Hand, die Sie in den 52 Wochen erarbeitet haben, und umgeben Sie sich bewusst damit.

Achten Sie auf Ihren Atem und sehen Sie Ihre Visionen vor sich.

Wie fühlen Sie sich?

_____

_____

_____

Was spüren Sie in Ihrem Körper?

_____

_____

_____

Was denken Sie?

_____

_____

_____

Danken Sie sich und Ihrem wunderbaren Umfeld mit all seinen Möglichkeiten und freuen Sie sich auf die nächsten 52 Wochen.

Woche vom

_____

bis

_____

Nehmen Sie
bewusst Ihren
Atem und Ihre
Lebensfülle wahr?

Denken Sie an Ihre
innere Fülle, wenn
neue Heraus- und
Anforderungen
anstehen?

Welche Wunder
werden Sie in den
nächsten 52 Wo-
chen vollbringen?

Bibliografische Information der Deutschen Nationalbibliothek:
Die Deutsche Nationalbibliothek verzeichnet diese Publikation in der Deutschen Nationalbibliografie;
detaillierte bibliografische Daten sind im Internet über http://dnb.d-nb.de abrufbar.

Sonja Katrina Brauner
Resilienz Wochenplaner – Wurzeln stärken, entwickeln und fördern

1. Auflage	Mai 2020
© 2020	edition riedenburg
Verlagsanschrift	Anton-Hochmuth-Straße 8, 5020 Salzburg, Österreich
Internet	www.editionriedenburg.at
E-Mail	verlag@editionriedenburg.at
Lektorat	Dr. Heike Wolter, Regensburg
Abbildungen	Baum auf Cover: shutterstock.com/IvanDbajo; kreisrunde Baumwurzel: shutterstock.com/Cienpies Design; Hintergrund runde Wurzelmuster: shutterstock.com/Cienpies Design; abstraktes nahtloses Naturmuster: shutterstock.com/GeometricPatterns; schwarze nahtlose Vektorstruktur Baummotiv: shutterstock.com/Guliveris; Vektorgrafiken von Silhouetten von Pflanzen in verschiedenen Stufen: shutterstock.com/agrino; schwarze Formen Bäume mit Wurzeln: shutterstock.com/rolandtopor; Stammbaum: shutterstock.com/Ivanova Maria; Bäume mit Wurzeln: shutterstock.com/rolandtopor; ganzer schwarzer Baum mit Wurzeln: shutterstock.com/Olivier Le Moal; kleine Pflanze, die wächst: shutterstock.com/lovelyday12; Mammutbäume: shutterstock.com/Galyna Andrushko
Satz und Layout	edition riedenburg
Herstellung	Books on Demand GmbH

ISBN 978-3-99082-054-4